Yf. 4102

L'EPREUVE

COMEDIE.

Par M. D*** *Marivaux*

Repréſentée pour la premiere fois par les Comédiens Italiens le 19. Novembre 1740.

Le prix eſt de 24. ſols.

A PARIS,

Chez F. G. MERIGOT, Quay des Auguſtins, à la deſcente du Pont S. Michel à S. Louis.

M. DCC. XL.

AVEC APPROBATION ET PRIVILEGE DU ROI.

ACTEURS.

Madame ARGANTE.

ANGELIQUE sa fille.

LISETTE, Suivante.

LUCIDOR, Amant d'Angelique.

FRONTAIN, Valet de Lucidor.

Me BLAISE, jeune Fermier du Village.

L'EPREUVE.

COMEDIE.

SCENE PREMIERE.

LUCIDOR, FRONTAIN,
en bottes & en habit de Maître.

LUCIDOR.

Ntrons dans cette Salle. Tu ne fais donc que d'arriver ?

FRONTAIN.

Je viens de mettre pied à terre à la premiere Hôtellerie du Village, j'ai demandé le chemin du Château, suivant l'ordre de votre Lettre, & me voila dans l'équipage que vous m'avez prescrit. De ma figure, qu'en dites-vous ?

L'EPREUVE,
Il se retourne.

Y reconnoissez-vous votre Valet de Chambre, & n'ai-je pas l'air un peu trop Seigneur?

LUCIDOR.

Tu es comme il faut; à qui t'es-tu adressé en entrant?

FRONTAIN.

Je n'ai rencontré qu'un petit garçon dans la Cour, & vous avez paru. A présent, que voulez-vous faire de moi & de ma bonne mine?

LUCIDOR.

Te proposer pour Epoux à une très-aimable fille.

FRONTAIN.

Tout de bon, ma foi, Monsieur, je soutiens que vous êtes encore plus aimable qu'elle.

LUCIDOR.

Eh non, tu te trompes, c'est moi que la chose regarde.

FRONTAIN.

En ce cas-là, je ne soutiens plus rien.

COMÉDIE.
LUCIDOR.

Tu sçais que je suis venu ici il y a près de deux mois pour y voir la terre que mon homme d'Affaire m'a achetée ; j'ai trouvé dans le Château une Madame Argante qui en étoit comme la Concierge, & qui est une petite Bourgeoise de ce Pays-ci. Cette bonne Dame a une fille qui m'a charmé, & c'est pour elle que je veux te proposer.

FRONTAIN *riant*.

Pour cette fille que vous aimez, la confidence est gaillarde, nous serons donc trois ; vous traitez cette affaire-ci comme une Partie de Piquet.

LUCIDOR.

Ecoutez-moi donc, j'ai dessein de l'épouser moi-même.

FRONTAIN.

Je vous entends bien, quand je l'aurai épousée.

LUCIDOR.

Me laisseras-tu dire ? Je te présenterai sur le pied d'un homme riche & mon ami, afin de voir si elle m'aimera assez pour le refuser.

L'EPREUVE,

FRONTAIN.

Ah! c'est une autre histoire; & cela étant, il y a une chose qui m'inquiete.

LUCIDOR.

Quoi?

FRONTAIN.

C'est qu'en venant, j'ai rencontré près de l'Hôtellerie une fille, qui ne m'a pas apperçu, je pense, qui causoit sur le pas d'une porte, mais qui m'a bien la mine d'être une certaine Lisette que j'ai connue à Paris il y a quatre ou cinq ans, & qui étoit à une Dame chez qui mon Maître alloit souvent. Je n'ai vû cette Lisette-là que deux ou trois fois ; mais comme elle étoit jolie, je lui en ai conté tout autant de fois que je l'ai vûe, & cela vous grave dans l'esprit d'une fille.

LUCIDOR.

Mais vraiment, il y en a une chez Madame Argante de ce nom-là, qui est du Village, qui y a toute sa famille, & qui a passé en effet quelque tems à Paris avec une Dame du Pays.

FRONTAIN.

Ma foi, Monsieur, la friponne me recon-

COMÉDIE.

noîtra ; il y a de certaines tournures d'hommes qu'on n'oublie point.

LUCIDOR.

Tout le remede que j'y sçache, c'est de payer d'éfronterie, & de lui persuader qu'elle se trompe.

FRONTAIN.

Oh, pour de l'éfronterie, je suis en fond.

LUCIDOR.

N'y a-t'il pas des hommes qui se ressemblent tant, qu'on s'y méprend ?

FRONTAIN.

Allons, je ressemblerai, voilà tout, mais dites-moi, Monsieur, souffririez-vous un petit mot de représentation ?

LUCIDOR.

Parles.

FRONTAIN.

Quoiqu'à la fleur de votre âge, vous êtes tout-à-fait sage & raisonnable, il me semble pourtant que votre projet est bien jeune.

LUCIDOR *fâché*.

Hem.

L'EPREUVE,

FRONTAIN.

Doucement, vous êtes le fils d'un riche Négociant qui vous a laissé plus de cent mille livres de rente, & vous pouvez prétendre aux plus grands partis; le minois dont vous parlez est-il fait pour vous appartenir en légitime mariage? Riche comme vous êtes, on peut se tirer de-là à meilleur marché, ce me semble.

LUCIDOR.

Tais-toi, tu ne connois point celle dont tu parles; il est vrai qu'Angelique n'est qu'une simple Bourgeoise de Campagne; mais originairement elle me vaut bien, & je n'ai pas l'entêtement des grandes alliances; elle est d'ailleurs si aimable, & je démêle à travers son innocence tant d'honneur & tant de vertu en elle; elle a naturellement un caractére si distingué, que si elle m'aime comme je le crois, je ne serai jamais qu'à elle.

FRONTAIN.

Comment, si elle vous aime, est-ce que cela n'est pas décidé?

LUCIDOR.

Non, il n'a pas encore été question du

mot d'Amour entr'elle & moi ; je ne lui ai jamais dit que je l'aime ; mais toutes mes façons n'ont signifié que cela ; toutes les siennes n'ont été que des expressions du penchant le plus tendre & le plus ingénu. Je tombai malade trois jours après mon arrivée ; j'ai été même en quelque danger, je l'ai vûe inquiéte, allarmée, plus changée que moi ; j'ai vû des larmes couler de ses yeux, sans que sa mere s'en apperçût ; & depuis que la santé m'est revenue, nous continuons de même ; je l'aime toujours, sans le lui dire, elle m'aime aussi sans m'en parler ; & sans vouloir cependant m'en faire un secret, son cœur simple, honnête & vrai n'en sçait pas davantage.

FRONTAIN.

Mais vous, qui en sçavez plus qu'elle, que ne mettez-vous un petit mot d'amour en avant, il ne gâteroit rien ?

LUCIDOR.

Il n'est pas tems ; tout sûr que je suis de son cœur, je veux sçavoir à quoi je le dois ; & si c'est l'homme riche, ou seulement moi qu'on aime, c'est ce que j'éclaircirai par l'épreuve où je vais la mettre ; il m'est encore permis de n'appeller qu'amitié tout ce qui est entré nous deux, & c'est de quoi je vais profiter.

FRONTAIN.

Voilà qui est fort bien; mais ce n'étoit pas moi qu'il falloit employer.

LUCIDOR.

Pourquoi.

FRONTAIN.

Oh, pourquoi, mettez-vous à la place d'une fille, & ouvrez les yeux, vous verrez pourquoi, il y a cent à parier contre un que je plairai.

LUCIDOR.

Le sot, hé-bien, si tu plais, j'y rémédierai sur le champ en te faisant connoître; as-tu apporté les bijoux ?

FRONTAIN *fouillant dans sa poche.*

Tenez, voilà tout.

LUCIDOR.

Puisque personne ne t'a vû entrer, retires-toi avant que quelqu'un, que je vois dans le jardin, n'arrive, va t'ajuster, & ne reparois que dans une heure ou deux.

COMEDIE.
FRONTAIN.
Si vous jouez de malheur, souvenez-vous que je vous l'ai prédit.

SCENE II.
LUCIDOR, BLAISE,
qui vient doucement habillé en riche Fermier.

LUCIDOR.

IL vient à moi, il paroît avoir à me parler.

Mr BLAISE.

Je vous salue, M. Lucidor, hé-bien, qu'est-ce ? Comment vous va, vous avez bonne maine à cette heure.

LUCIDOR.

Oui, je me porte assez-bien, M. Blaise.

Mr BLAISE.

Faut convenir que voute maladie vous a bian fait du proufit ; vous vela morgué plus rougeaut, pûs varmeille, ça réjouit, ça me plaît à voir.

LUCIDOR.

Je vous en suis obligé.

Mᵉ. BLAISE.

C'est que j'aime tant la santé des braves gens, alle est si recommandabe, sur-tout la vôtre qui est la pûs recommandabe de tout le monde.

LUCIDOR.

Vous avez raison d'y prendre quelque intérêt, je voudrois pouvoir vous être utile à quelque chose.

Mᵉ BLAISE.

Voirement, cette utilité-là est belle & bonne, & je vians tout justement vous prier de m'en gratifier d'une.

LUCIDOR.

Voyons.

Mᵉ BLAISE.

Vous sçavez bian, Monsieur, que je fréquente chez Madame Argante, & sa fille Angelique, alle est gentille au moins.

LUCIDOR.

Assurément.

COMEDIE.

Mᵉ BLAISE riant.

Hé hé hé, c'eſt, ne vous déplaiſe, que je vourois avoir ſa gentilleſſe en mariage.

LUCIDOR.

Vous aimez donc Angelique?

Mᵉ BLAISE.

Ah! Cette petite criature-là, m'affole j'en pars ſi peu d'eſprit que j'ai; quand il fait jour, je penſe à elle; quand il fait nuit, j'en rêve, il me faut du remede à çà, & je vians envars-vous à celle fin, par voute moyen, pour l'honneur & le reſpect qu'en vous porte ici, ſauf voute grace; & ſi ça ne vous torne pas à importunité de me favoriſer de queuques bonnes paroles auprès de ſa mere, dont j'ai itou beſoin de la faveur.

LUCIDOR.

Je vous entends, vous ſouhaitez que j'engage Madame Argante à vous donner ſa fille, & Angelique vous aime-t'elle?

Mᵉ BLAISE.

Oh dame, quand par fois je li conte ma chance, alle rit de tout ſon cœur & me plante-là, c'eſt bon ſigne, n'eſt-ce pas?

LUCIDOR.

Ni bon, ni mauvais; au surplus, comme je crois que Madame Argante a peu de bien, que vous êtes Fermier de plusieures Terres, fils de Fermier vous-même.

Me BLAISE.

Et que je sis encor une jeunesse, car je n'ons que trente ans, & d'himeur folichonne, un Roger-Bontems.

LUCIDOR.

Le parti pourroit convenir sans une difficulté.

Me. BLAISE.

Laqueulle.

LUCIDOR.

C'est qu'en revanche des soins que Madame Argante & toute sa maison ont eu de moi pendant ma maladie; j'ai songé à marier Angelique à quelqu'un de fort riche, qui va se présenter, qui ne veut précisément épouser qu'une fille de Campagne, de famille honnête, & qui ne se soucie pas qu'elle ait du bien.

Me BLAISE.

Morgué, vous me faites là un vilain

COMEDIE.

tour avec voute avifement, Monfieur Lucidor; vela qui m'eft bian rude, bian chagrinant & bian traître. Jarnigué, foyons bons, je l'approuve, mais ne foulons parfonne, je fis voute prochain autant qu'un autre, & ne faut pas pefer fur cetici pour alleger cetilà, moi qui avois tant de peur que vous ne mouriez; c'étoit bian la peine de venir vingt fois demander comment va-t'il, comment ne va-t'il pas, vela-t'il pas une fanté qui m'eft bian chanfeufe, après vous avoir mené moi-même ceti-là, qui vous a tiré deux fois du fang, & qui eft mon coufin, afin que vous le fçachiez, mon propre coufin garmain; ma mere étoit fa tante, & jarni ce n'eft pas bian fait à vous.

LUCIDOR.

Votre parenté avec lui n'ajoûte rien à l'obligation que je vous ai.

Mc BLAISE.

Sans compter que c'eft cinq bonnes mille livres que vous m'ôtez, comme un fou, & que la petite aura en mariage.

LUCIDOR.

Calmez-vous, eft-ce cela que vous en efperez? Hé-bien, je vous en donne douze pour en époufer une autre, & pour vous dédommager du chagrin que je vous fais.

Mᵉ BLAISE *étonné.*

Quoi ? douze mille livres d'argent fec.

LUCIDOR.

Oui, je vous les promets, fans vous ôter cependant la liberté de vous préfenter pour Angelique ; au contraire, j'exige même que vous la demandiez à Madame Argante, je l'exige, entendez-vous ; car fi vous plaifez à Angelique, je ferois très-fâché de la priver d'un homme qu'elle aimeroit.

Mᵉ BLAISE *fe frottant les yeux de turprufe.*

Eh mais, c'eft comme un Prince qui parle, douze mille livres ? les bras m'en tombont, je ne fçaurois me r'avoir ; allons, Monfieur, boutés-vous-là, que je me profterne devant vous, ni plus ni moins que devant un prodige.

LUCIDOR.

Il n'eft pas néceffaire, point de complimens, je vous tiendrai parole.

Mᵉ BLAISE.

Après que j'ons été fi mal apris, fi brutal.

tal. Eh ! dites-moi, Roi que vous êtes, si par avanture, Angelique me chérit, j'aurons donc la femme & les douze mille francs avec ?

LUCIDOR.

Ce n'est pas tout-à-fait cela, écoutez-moi, je prétends, vous dis-je, que vous vous proposiez pour Angelique, indépendamment du mari que je lui offrirai ; si elle vous accepte, comme alors je n'aurai fait aucun tort à votre amour, je ne vous donnerai rien ; si elle vous refuse, les douze mille frans sont à vous.

M_e BLAISE.

Alle me refusera, Monsieur, alle me refusera ; le Ciel m'en fera la grace à cause de vous, qui le désirez.

LUCIDOR.

Prenez garde, je vois bien qu'à cause des douze mille frans, vous ne demandez déji pas mieux que d'être refusé.

M_e BLAISE.

Hélas ! peut-être bien que la somme m'étourdit un petit brin ; j'en sis friand, je le confesse, alle est si consolante.

B

LUCIDOR.

Je mets cependant encore une condition à notre marché, c'est que vous feigniez de l'empressement pour obtenir Angelique, & que vous continuiez de paroître amoureux d'elle.

Me BLAISE.

Oui, Monsieur, je ferons fidéle à ça, mais j'ons bonne esperance de n'être pas daigne d'elle, & mêmement j'avons opinion si alle osoit, qu'alle vous aimeroit plus que parsonne.

LUCIDOR.

Moi, Maître Blaise, vous me surprenez, je ne m'en suis pas apperçu, vous vous trompez; en tout cas, si elle ne veut pas de vous, souvenez-vous de lui faire ce petit reproche-là, je serois bien-aise de sçavoir ce qui en est par pure curiosité.

Me. BLAISE.

En n'y manquera pas, en li reprochera devant vous drès que Monsieur le commande.

LUCIDOR.

Et comme je ne vous crois pas mal à propos glorieux, vous me ferez plaisir aussi de jetter vos vûes fur Lifette, que fans compter les douze mille frans, vous ne vous repentirez pas d'avoir choifi, je vous en avertis.

Me BLAISE.

Hélas ! il n'y a qu'à dire, en fe revirera itou fur elle, je l'aimerai par mortification.

LUCIDOR.

J'avoue qu'elle fert Madame Argante, mais elle n'eft pas de moindre condition que les autres filles du Village.

Me BLAISE.

Eh voirement, elle en eft née native.

LUCIDOR.

Jeune & bien faite d'ailleurs.

Me BLAISE.

Charmante, Monfieur varra l'apetit que je prends déja pour elle.

LUCIDOR.

Mais je vous ordonne une chofe ; c'eft de ne lui dire que vous l'aimez qu'après qu'Angelique fe fera expliquée fur votre compte, il ne faut pas que Lifette fçacl vos deffeins auparavant.

B ij

Mc BLAISE.

Laissez faire à Blaise en li parlant, je li dirai des propos où elle ne comprenra rin; la velà, vous plait-il que je m'en aille.

LUCIDOR.

Rien ne vous empêche de rester.

SCENE III.

LUCIDOR, BLAISE, LISETTE.

LISETTE.

JE viens d'apprendre, Monsieur, par le petit garçon de notre Vigneron, qu'il vous étoit arrivé une visite de Paris.

LUCIDOR.

Oui, c'est un de mes amis qui vient me voir.

LISETTE.

Dans quel appartement du Château souhaitez-vous qu'on le loge?

COMEDIE.
LUCIDOR.

Nous verrons quand il sera revenu de l'Hôtellerie où il est retourné, où est Angelique, Lisette.

LISETTE.

Il me semble l'avoir vûe dans le Jardin, qui s'amusoit à cueillir des fleurs.

LUCIDOR *en montrant Blaise*.

Voici un homme qui est de bonne volonté pour elle, qui a grande envie de l'épouser, & je lui demandois si elle avoit de l'inclination pour lui ; qu'en pensez-vous ?

Mr BLAISE.

Oui, de queul avis êtes-vous touchant ça belle Brunette, ma mie.

LISETTE.

Eh mais, autant que j'en puis juger, mon avis est que jusqu'ici elle n'a rien dans le coeur pour vous.

Mr BLAISE *guayement*.

Rian du tout, c'est ce que je disois ? que Mademoiselle Lisette a de jugement !

LISETTE.

Ma réponſe n'a rien de trop flateur; mais je ne ſçaurois en faire une autre.

Mᵉ BLAISE *cavalierement.*

Cetelle-là eſt belle & bonne, & je m'y accorde. J'aime qu'on ſoit franc, & en effet, queul mérite avons-je pour li plaire à cette enfant?

LISETTE.

Ce n'eſt pas que vous ne valiez votre prix, Monſieur Blaiſe, mais je crains que Madame Argante ne vous trouve pas aſſez de bien pour ſa fille.

Mᵉ BLAISE & *en riant.*

Ça eſt vrai, pas aſſez de bien, pûs vous allez, mieux vous dites.

LISETTE.

Vous me faites rire avec votre air joyeux.

LUCIDOR.

C'eſt qu'il n'eſpere pas grand-choſe.

Mᵉ BLAISE.

Oui, vela ce que c'eſt, & pis, tout ce

COMEDIE.

qui viant je le prens. (*A Lisette.*) le biau brin de fille que vous êtes.

LISETTE.

La tête lui tourne, ou il y a là quelque chose que je n'entends pas.

Mᵉ BLAISE.

Stependant je me baillerai biah du tourment pour avoir Angelique, & il en pourra venir que je l'aurons, ou bian que je ne l'aurons pas, faut mettre les deux pour deviner juste.

LISETTE *en riant.*

Vous êtes un très-grand devin.

LUCIDOR.

Quoiqu'il en soit, j'ai aussi un parti à lui offrir, mais un très-bon parti, il s'agit d'un homme du monde, & voilà pourquoi je m'informe si elle n'aime personne.

LISETTE.

Dès que vous vous mêlez de l'établir, je pense bien qu'elle s'en tiendra-là.

LUCIDOR.

Adieu Lisette, je vais faire un tour dans la grande allée; quand Angelique sera ve-

L'EPREUVE,

nue, je vous prie de m'en avertir. Soyez persuadée, à votre égard, que je ne m'en retournerai point à Paris sans récompenser le zele que vous m'avez marqué.

LISETTE.

Vous avez bien de la bonté, Monsieur.

LUCIDOR à Blaise en s'en allant & à part.

Ménagez vos termes avec Lisette, Mr Blaise.

Mr BLAISE.

Aussi fais-je, je n'y mets pas le sens commun.

SCENE IV.
Mr BLAISE, LISETTE.

LISETTE.

CE Monsieur Lucidor a le meilleur cœur du monde.

Mr BLAISE.

Oh, un cœur magnifique, un cœur tout d'or; au surplus, comment vous portez-vous, Mademoiselle Lisette?

LISETTE

COMEDIE.

LISETTE riant.

Hé, que voulez-vous dire avec votre compliment, Maître Blaise, vous tenez depuis un moment des discours bien étranges.

Me BLAISE.

Oui, j'ons des manieres fantaxes, & ça vous étonne, n'est-ce pas, je m'en doute bian,

& par réflexion.

Que vous êtes agriable.

LISETTE.

Que vous êtes original avec votre agréable ? Comme il me regarde ; en vérité vous extravaguez.

Me BLAISE.

Tout au contraire, c'est ma prudence qui vous contemple.

LISETTE.

Hé-bien, contemplez, voyez, ai-je aujourd'hui le visage autrement fait que je ne l'avois hier ?

Me BLAISE.

Non, c'est moi qui le vois mieux que de cotume ; il est tout nouviau pour moi.

LISETTE *voulant s'en aller.*

Eh, que le Ciel vous béniſſe !

Mᵉ BLAISE *l'arrêtant.*

Attendez donc?

LISETTE.

Eh, que me voulez-vous? C'eſt ſe moquer que de vous entendre; on diroit que vous m'en contez; je ſçai bien que vous êtes un Fermier à votre aiſe, & que je ne ſuis pas pour vous, de quoi s'agit-il donc?

Mᵉ BLAISE.

De m'acouter ſans y voir goute, & de dire à part vous, ouais, faut qu'il y ait un ſecret à ça.

LISETTE.

Et à propos de quoi un ſecret, vous ne me dites rien d'intelligible.

Mᵉ BLAISE.

Non, c'eſt fait exprès, c'eſt réſolu.

LISETTE.

Voilà qui eſt bien particulier; ne recherchez-vous pas Angelique?

COMEDIE. 27

Mc BLAISE.

Ça eſt itou conclu.

LISETTE.

Plus je rêve & plus je m'y perds.

Mc BLAISE.

Faut que vous vous y perdiais.

LISETTE.

Mais pourquoi me trouver ſi agréable ; par quel accident le remarquez-vous ? Plus qu'à l'ordinaire. Juſqu'ici vous n'avez pas pris garde ſi je l'étois ou non. Croirai-je que vous êtes tombé ſubitement amoureux de moi, je ne vous en empêche pas.

Mc BLAISE *vîte & vivement.*

Je ne dis pas que je vous aime.

LISETTE *criant.*

Que dites-vous donc ?

Mc BLAISE.

Je ne dis pas que je ne vous aime point ; ni l'un ni l'autre, vous m'en êtes témoin ; j'ons donné ma parole, je marche droit en beſogne, voyez-vous, il n'y a pas à rire à ça ; je ne dis rin, mais je penſe, & je vais répétant, que vous êtes agriable.

C ij

LISETTE *étonnée & le regardant.*

Je vous regarde à mon tour, & si je ne me figurois pas que vous êtes timbré, en vérité, je soupçonnerois que vous ne me haïssez pas.

Me BLAISE.

Oh, soupçonnez, croyez, parsuadez-vous, il n'y aura pas de mal, pourvû qu'il n'y ait pas de ma faute, & que ça vienne de vous toute seule, sans que je vous aide.

LISETTE.

Qu'est-ce que cela signifie ?

Me BLAISE.

Et mêmement, à vous parmis de m'aimer, par exemple j'y consens encore ; si le coeur vous y porte, ne vous retenez pas, je vous lâche la bride là-dessus ; il n'y aura rian de pardu.

LISETTE.

Le plaisant compliment ! Eh ! quel avantage en tirerois-je ?

Me BLAISE.

Oh-dame, je sis bridé, moi, ce n'est pas comme vous, je ne sçaurois parler pus clair ;

COMEDIE. 29

voicy venir Angelique, laiſſez-moi ly toucher un petit mot d'affection, ſans que ça empêche que vous ſoyez gentille.

LISETTE.

Ma foi, votre tête eſt dérangée, Monſieur Blaiſe, je n'en rabats rien.

SCENE V.

ANGELIQUE, LISETTE, BLAISE.

ANGELIQUE *un bouquet à la main.*

BOn jour, Monſieur Blaiſe, eſt-il vrai, Liſette, qu'il eſt venu quelqu'un de Paris pour Monſieur Lucidor ?

LISETTE.

Oui, à ce que j'ai ſçu.

ANGELIQUE.

Dit-on que ce ſoit pour l'emmener à Paris qu'on eſt venu.

LISETTE.

C'eſt ce que je ne ſçais pas, Monſieur Lucidor ne m'en a rien appris.

C iij

Mᵉ BLAISE.

Il n'y pas d'apparence, il veut auparavant vous marier dans l'opulence, à ce qu'il dit.

ANGELIQUE.

Me marier, Monsieur Blaise, & à qui donc, s'il vous plaît ?

Mᵉ BLAISE.

La parsonne n'a pas encore de nom.

LISETTE.

Il parle vraiment d'un très-grand mariage ; il s'agit d'un homme du monde, & il ne dit pas qui c'est, ni d'où il viendra.

ANGELIQUE *d'un air content & discret.*

D'un homme du monde qu'il ne nomme pas.

LISETTE.

Je vous rapporte les propres termes.

ANGELIQUE.

Hé-bien, je n'en suis pas inquiéte, on le connoîtra tôt ou tard.

Mᵉ BLAISE.

Ce n'est pas moi toujours.

COMÉDIE.
ANGELIQUE.

Oh, je le crois bien, ce seroit là un beau mystére, vous n'êtes qu'un homme des champs, vous.

Mᵉ BLAISE.

Stapendant j'ons mes prétentions itou, mais je ne me cache pas, je dis mon nom, je me montre, en publiant, que je fis amoureux de vous, vous le sçavez bian.

Lisette leve les épaules.

ANGELIQUE.

Je l'avois oublié.

Mᵉ BLAISE.

Me vela pour vous en aviser derechef, vous souciez-vous un peu de ça, Mademoiselle Angelique ?

Lisette boude.

ANGELIQUE.

Hélas ! guierre.

Mᵉ BLAISE.

Guierre, c'est toujours queuque chose ; prenez-y garde au moins, car je vais me douter, sans façon, que je vous plais.

C iiij

ANGELIQUE.

Je ne vous le conseille pas, Monsieur Blaise; car il me semble que non.

Me BLAISE.

Ah, bon ça, vela qui se compriend; c'est pourtant fâcheux, voyez-vous, ça me chagraine, mais n'iamporte, ne vous gênez pas, je revianrai tantôt pour sçavoir si vous désirez que j'en parle à Madame Argante, ou s'il faudra que je m'en taise; ruminez ça à part, vous, & faites à votre guise, bon jour,

Et à Lisette à part.

Que vous êtes avenante!

LISETTE *en colere.*

Quelle cervelle?

SCENE VI.

LISETTE, ANGELIQUE.

ANGELIQUE.

Heureusement, je ne crains pas son amour, quand il me demanderoit à ma mere, il n'en sera pas plus avancé.

LISETTE.

Lui, c'est un conteur de de Sornette, qui ne convient pas à une fille comme vous.

ANGELIQUE.

Je ne l'écoute pas; mais dis-moi, Lisette, Monsieur Lucidor parle donc sérieusement d'un mari?

LISETTE.

Mais d'un mari distingué, dun établissement considérable.

ANGELIQUE.

Très-considérable, si c'est ce que je soupçonne.

LISETTE.

Eh, que soupçonnez-vous?

ANGELIQUE.

Oh, je rougirois trop, si je me trompois.

LISETTE.

Ne seroit-ce pas lui, par hasard, que vous vous imaginez être l'homme en question, tout grand Seigneur qu'il est par ses richesses?

L'EPREUVE,

MARIANNE.

Bon, lui, je ne sçais pas seulement moi-même ce que je veux dire, on rêve, on promene sa pensée, & puis c'est tout; on le verra, ce mari, je ne l'épouserai pas sans le voir.

LISETTE.

Quand ce ne seroit qu'un de ses amis, ce seroit toujours une grande affaire; à propos, il m'a recommandé d'aller l'avertir quand vous seriez venue, & il m'attend dans l'allée.

ANGELIQUE.

Eh, va donc, à quoi t'amuses-tu là ? pardi tu fais bien les commissions qu'on te donne, il n'y sera peut-être plus.

LISETTE.

Tenez, le voilà lui-même.

COMEDIE.

SCENE VII.

ANGELIQUE, LUCIDOR, LISETTE.

LUCIDOR.

Y A-t'il long-tems que vous êtes ici Angelique?

ANGELIQUE.

Non, Monsieur, il n'y a qu'un moment que je sçais que vous avez envie de me parler, & je la querellois de ne me l'avoir pas dit plûtôt.

LUCIDOR.

Oui, j'ai à vous entretenir d'une chose assez importante.

LISETTE.

Est-ce en secret? M'en irai-je?

LUCIDOR.

Il n'y a pas de nécessité que vous restiez.

ANGELIQUE.

Aussi-bien je crois que ma mere aura besoin d'elle.

LISETTE.

Je me retire donc.

SCENE VIII.
LUCIDOR, ANGELIQUE.

LUCIDOR *la regardant attentivement.*

ANGELIQUE *en riant.*

A Quoi songez-vous donc en me considérant si fort?

LUCIDOR.

Je songe que vous embelliſſez tous les jours.

ANGELIQUE.

Ce n'étoit pas de même quand vous étiez malade; à propos, je ſçais que vous aimez les fleurs, & je penſois à vous auſſi en cueillant ce petit bouquet; tenez, Monſieur, prenez-le.

LUCIDOR.

Je ne le prendrai que pour vous le rendre, j'aurai plus de plaiſir à vous le voir,

COMEDIE. 37

ANGELIQUE *prend.*

Et moi à cette heure que je l'ai reçu, je l'aime mieux qu'auparavant.

LUCIDOR.

Vous ne répondez jamais rien que d'obligeant.

ANGELIQUE.

Ah! cela est si aisé avec de certaines personnes; mais que me voulez-vous donc?

LUCIDOR.

Vous donner des témoignages de l'extrême amitié que j'ai pour vous, à condition qu'avant tout, vous m'instruirez de l'état de votre cœur.

ANGELIQUE.

Hélas, le compte en sera bien-tôt fait; je ne vous en dirai rien de nouveau; ôtez notre amitié que vous sçavez bien, il n'y a rien dans mon cœur, que je sçache; je n'y vois qu'elle.

LUCIDOR.

Vos façons de parler me font tant de plaisir, que j'en oublie presque ce que j'ai à vous dire.

ANGELIQUE.

Comment faire, vous oublierez donc toujours, à moins que je ne me taise ; je ne connois point d'autre secret.

LUCIDOR.

Je n'aime point ce secret-là ; mais poursuivons : il n'y a encore environ que sept semaines que je suis ici.

ANGELIQUE.

Y a-t'il tant que cela ? Que le tems passe vîte ! Après.

LUCIDOR.

Et je vois quelquefois bien des jeunes gens du Pays qui vous font la cour ; lequel de tous distinguez-vous parmi eux ? Confiez-moi ce qui en est comme au meilleur ami que vous ayez.

ANGELIQUE.

Je ne sçais pas, Monsieur, pourquoi vous pensez que j'en distingue, des jeunes gens qui me font la cour ; est-ce que je les remarque ? Est-ce que je les vois ? ils perdent donc bien leur tems.

COMÉDIE.

LUCIDOR.

Je vous crois, Angelique.

ANGELIQUE.

Je ne me souciois d'aucun quand vous êtes venu ici, & je ne m'en soucie pas davantage depuis que vous y êtes, assurément.

LUCIDOR.

Etes-vous aussi indifférente pour Maître Blaise, ce jeune Fermier, qui veut vous demander en mariage, à ce qu'il m'a dit?

ANGELIQUE.

Il me demandera en ce qui lui plaira, mais en un mot tous ces gens-là me déplaisent depuis le premier jour jusqu'au dernier, principalement lui, qui me reprochoit l'autre jour que nous nous parlions trop souvent tous deux, comme s'il n'étoit pas bien naturel de se plaire plus en votre compagnie, qu'en la sienne; que cela est sot !

LUCIDOR.

Si vous ne haïssez pas de me parler, je vous le rends bien, ma chere Angelique; quand je ne vous vois pas, vous me manquez, & je vous cherche.

ANGELIQUE.

Vous ne cherchez pas long-tems, car je reviens bien vîte, & ne fors guéres.

LUCIDOR.

Quand vous êtes revenue, je suis content.

ANGELIQUE.

Et moi, je ne suis pas mélancolique.

LUCIDOR.

Il est vrai, j'avoue avec joie que votre amitié répond à la mienne.

ANGELIQUE.

Oui, mais malheureusement vous n'êtes pas de notre Village, & vous retournerez peut-être bientôt à votre Paris, que je n'aime guéres. Si j'étois à votre place, il me viendroit plûtôt chercher, que je n'irois le voir.

LUCIDOR,

Eh, qu'importe, que j'y retourne ou non, puisqu'il ne tiendra qu'à vous que nous y soyons tous deux.

COMEDIE.
ANGELIQUE.

Tous deux, Monsieur Lucidor, eh mais, contez-moi donc comme quoi?

LUCIDOR.

C'est que je vous destine un mari qui y demeure.

ANGELIQUE.

Est-il possible? Ah ça, ne me trompez pas au moins, tout le cœur me bat; loge-t'il avec vous?

LUCIDOR.

Oui, Angelique, nous sommes dans la même maison.

ANGELIQUE.

Ce n'est pas assez, je n'ose encore être bien-aise en toute confiance. Quel homme est-ce?

LUCIDOR.

Un homme très-riche.

ANGELIQUE.

Ce n'est pas là le principal; après.

LUCIDOR.

Il est de mon âge & de ma taille.

ANGELIQUE.

Bon, c'est ce que je voulois sçavoir.

LUCIDOR.

Nos caractéres se ressemblent, il pense comme moi.

ANGELIQUE.

Toujours de mieux en mieux, que je l'aimerai.

LUCIDOR.

C'est un homme tout aussi uni, tout aussi sans façon que je le suis.

ANGELIQUE.

Je n'en veux point d'autre.

LUCIDOR.

Qui n'a ni ambition ni gloire, & qui n'éxigera de celle qu'il épousera, que son cœur.

ANGELIQUE *riant.*

Il l'aura, Monsieur Lucidor, il l'aura, il l'a déja; je l'aime autant que vous, ni plus, ni moins.

COMEDIE.
LUCIDOR.

Vous aurez le sien, Angelique, je vous en assure, je le connois, c'est tout comme s'il vous le disoit lui-même.

ANGELIQUE.

Eh, sans doute, & moi je réponds aussi comme si il étoit là.

LUCIDOR.

Ah, que de l'humeur dont il est, vous allez le rendre heureux !

ANGELIQUE.

Ah, je vous promets bien qu'il ne sera pas heureux tout seul.

LUCIDOR.

Adieu, ma chere Angelique ; il me tarde d'entretenir votre mere, & d'avoir son consentement. Le plaisir que me fait ce mariage ne me permet pas de différer davantage ; mais avant que je vous quitte, acceptez de moi ce petit présent de Nôce, que j'ai droit de vous offrir, suivant l'usage, & en qualité d'ami ; ce sont de petits bijoux que j'ai fait venir de Paris.

ANGELIQUE.

Et moi, je les prends, parce qu'ils y retourneront avec vous, & que nous y ferons ensemble; mais il ne falloit point de bijoux, c'est votre amitié qui est le véritable.

LUCIDOR.

Adieu, belle Angelique, votre mari ne tardera pas à paroître.

ANGELIQUE.

Courez donc, afin qu'il vienne plus vite.

SCENE IX.

ANGELIQUE, LISETTE.

LISETTE.

HE'-bien, Mademoiselle, êtes-vous instruite ? A qui vous marie-t'on ?

ANGELIQUE.

A lui, ma chere Lisette, à lui-même; & je l'attends.

COMÉDIE.

LISETTE.

A lui, dites-vous ? Et quel est donc cet homme qui s'appelle lui par excellence ? Est-ce qu'il est ici ?

MARIANNE.

Et, tu as dû le rencontrer ; il va trouver ma mere.

LISETTE.

Je n'ai vû que Monsieur Lucidor, & ce n'est pas lui qui vous épouse.

ANGELIQUE.

Eh si fait, voilà vingt fois que je te le répete ; si tu sçavois comme nous nous sommes parlé, comme nous nous entendions bien sans qu'il ait dit : C'est moi ; mais cela étoit si clair, si clair, si agréable, si tendre.

LISETTE.

Je ne l'aurois jamais imaginé, mais le voici encore.

SCENE X.

LUCIDOR, FRONTAIN, LISETTE, ANGELIQUE.

LUCIDOR.

JE reviens, belle Angelique; en allant chez vôtre mere, j'ai trouvé Monsieur qui arrivoit, & j'ai crû qu'il n'y avoit rien de plus pressé que de vous l'amener; c'est lui, c'est ce mari pour qui vous êtes si favorablement prévenue, & qui, par le rapport de nos caractéres, est en effet un autre moi-même; il m'a apporté aussi le portrait d'une jeune & jolie personne qu'on veut me faire épouser à Paris.

Il le lui présente.

Jettez les yeux dessus : comment le trouvez-vous ?

ANGELIQUE *d'un air mourant le repoussa*

Je ne m'y connois pas.

COMEDIE.

LUCIDOR.

Adieu, je vous laisse ensemble, & je cours chez Madame Argante.

Il s'approche d'elle.

Etes-vous contente ?

Angelique, sans lui répondre, tire la boëte de bijoux, & la lui rend sans le regarder ; elle la met dans sa main, & il s'arrête comme surpris, & sans la lui remettre, après quoi il sort.

SCENE XI.

ANGELIQUE, FRONTAIN, LISETTE.

ANGELIQUE reste immobile ; Lisette tourne autour de Frontain avec surprise, & Frontain paroît embarrassé.

FRONTAIN.

Mademoiselle, l'étonnante immortalité où je vous vois, intimide extrêmement mon inclination naissante ; vous me découragez tout-à-fait, & je sens que je perds la parole.

LISETTE.

Mademoiselle est immobile, vous, muet, & moi stupéfaite ; j'ouvre les yeux, je regarde, & je n'y comprens rien.

ANGELIQUE *tristement*.

Lisette, qui est-ce qui l'auroit crû ?

LISETTE.

Je ne le crois pas, moi qui le vois.

FRONTAIN.

Si la charmante Angelique daignoit seulement jetter un regard sur moi, je crois que je ne lui ferois point de peur, & peut-être y reviendroit-elle : on s'accoutume aisément à me voir, j'en ai l'expérience ; essayez-en.

ANGELIQUE *sans le regarder*.

Je ne sçaurois ; ce sera pour une autre fois : Lisette, tenez compagnie à Monsieur, je lui demande pardon, je ne me sens pas bien, j'étouffe, & je vais me retirer dans ma chambre.

SCENE

SCENE XII.

FRONTAIN, LISETTE.

FRONTAIN *à part.*

Mon mérite a manqué son coup.

LISETTE *à part.*

C'est Frontain, c'est lui-même.

FRONTAIN *les premiers mots à part.*

Voici le plus fort de ma besogne ici ; ma mie, que dois-je conjecturer d'un aussi langoureux accueil ?

Elle ne répond pas, & le regarde.
Il continue.

Hé-bien, répondez donc ? Allez-vous me dire aussi que ce sera pour une autre fois ?

LISETTE.

Monsieur, ne t'ai-je pas vû quelque part ?

E

FRONTAIN.

Comment donc ? Ne t'ai-je pas vû quelque-part ? Ce Village-ci est bien familier.

LISETTE à part les premiers mots.

Est-ce que je me tromperois ? Monsieur, excusez-moi ; mais n'avez-vous jamais été à Paris chez une Madame Dorman, où j'étois ?

FRONTAIN.

Qu'est-ce que c'est que Madame Dorman ? Dans quel quartier ?

LISETTE.

Du côté de la Place Maubert, chez un Marchand de Caffé, au second.

FRONTAIN.

Une Place Maubert, une Madame Dorman, un second, non mon enfant, je ne connois point cela, & je prends toujours mon Caffé chez moi.

LISETTE.

Je ne dis plus mot, mais j'avoue que je vous ai pris pour Frontain, & il faut que je me fasse toute la violence du monde pour m'imaginer que ce n'est point lui.

FRONTAIN.

Frontain, mais c'est un nom de Valet.

LISETTE.

Oui, Monsieur, & il m'a semblé que c'é-toit toi.... Que c'étoit vous, dis-je?

FRONTAIN.

Quoi ? toujours des tu & des toi, vous me lassez à la fin.

LISETTE.

J'ai tort, mais tu lui ressembles si fort... Eh, Monsieur, pardon. Je retombe toujours ; quoi ? tout de bon, ce n'est pas toi.... Je veux dire, ce n'est pas vous.

FRONTAIN *riant*.

Je crois que le plus court est d'en rire moi-même ; allez, ma fille, un homme moins raisonnable & de moindre étoffe, se fâcheroit ; mais je suis trop au-dessus de votre méprise, & vous me divertiriez beaucoup, n'étoit le désagrément qu'il y d'avoir une phisionomie commune avec ce coquin-là. La nature pouvoit se passer de lui donner le double de la mienne, & c'eſt un affront qu'elle m'a fait, mais ce n'eſt pas votre faute; parlons de votre Maîtreſſe,

LISETTE.

Oh, Monſieur, n'y ayez point de regret; celui pour qui je vous prenois eſt un garçon fort aimable, fort amuſant, plein d'eſprit, & d'une très-jolie figure.

FRONTAIN.

J'entends bien, la copie eſt parfaite,

LISETTE.

Si parfaite, que je n'en reviens point, & tu ferois le plus grand maraud...... Monſieur, je me brouille encore, la reſſemblance m'emporte.

FRONTAIN.

Ce n'eſt rien, je commence à m'y faire, ce n'eſt pas à moi à qui vous parlez.

LISETTE.

Non, Monſieur, c'eſt à votre copie, & je voulois dire qu'il auroit grand tort de me tromper; car je voudrois de tout mon cœur que ce fût lui; je crois qu'il m'aimoit, & je le regrette.

COMEDIE.

FRONTAIN.

Vous avez raison, il en valoit bien la peine ; *& à part.* Que cela est flateur !

LISETTE.

Voilà qui est bien particulier ; à chaque fois que vous parlez, il me semble l'entendre.

FRONTAIN.

Vraiment, il n'y a rien là de surprenant ; dès qu'on se ressemble, on a le même son de voix, & volontiers les mêmes inclinations ; il vous aimoit, dites-vous, & je ferois comme lui, sans l'extrême distance qui nous sépare.

LISETTE.

Hélas, je me réjouissois en croyant l'avoir retrouvé.

FRONTAIN *à part le premier mot.*

Oh ?.... Tant d'amour sera récompensé, ma belle enfant ; je vous le prédis ; en attendant, vous ne perdrez pas tout, je m'intéresse à vous, & je vous rendrai service ; ne vous mariez point sans me consulter.

LISETTE.

Je sçais garder un secret ; Monsieur, dites-moi si c'est toi ?

FRONTAIN *en s'en allant.*

Allons, vous abusez de ma bonté ; il est tems que je me retire ; [*& après.*] Ouf, le rude assaut !

SCENE XIII.

LISETTE *un moment seule.*

Mᵉ BLAISE.

LISETTE.

JE m'y suis pris de toutes façons, & ce n'est pas lui sans doute, mais il n'y a jamais rien eu de pareil : quand ce seroit lui au reste, Maître Blaise est bien un autre parti, si il m'aime.

Mᵉ BLAISE.

Hé-bien, fillette, à quoi en suis-je avec Angelique ?

COMEDIE.

LISETTE.

Au même état où vous étiez tantôt.

Me BLAISE *en riant*.

Hé mais, tampire, ma grande fille.

LISETTE.

Ne me direz-vous point ce que peut signifier le tampis que vous dites en riant ?

Me BLAISE.

C'est que je ris de tout, mon poulet.

LISETTE.

En tous cas, j'ai un avis à vous donner ; c'est qu'Angelique ne paroît pas disposée à accepter le mari que Monsieur Lucidor lui destine, & qui est ici, & que si dans ces circonstances, vous continuez à la rechercher, apparemment vous l'obtiendrez.

Me BLAISE *tristement*.

Croyez-vous ? eh mais, tant-mieux.

LISETTE.

Oh, vous m'impatientez avec vos tant-mieux si tristes, & vos tampis si gaillards, & le tout en m'appellant ma grande fille,

& mon poulet; il faut, s'il vous plaît, que j'en aye le cœur net, Monsieur Blaise, pour la derniere fois, est-ce que vous m'aimez ?

Mᵉ BLAISE.

Il n'y a pas encore de réponse à ça.

LISETTE.

Vous vous moquez donc de moi ?

Mᵉ BLAISE.

Vela une mauvaise pensée.

LISETTE.

Avez-vous toujours dessein de demander Angelique en mariage ?

Mᵉ BLAISE.

Le micmac le requiert.

LISETTE.

Le micmac, & si on vous la refuse, en serez-vous fâché ?

Mᵉ BLAISE *riant*.

Oui da.

LISETTE.

En vérité, dans l'incertitude où vous me tenez de vos sentimens, que voulez-vous

COMEDIE.

que je réponde aux douceurs que vous me dites ? Mettez-vous à ma place ?

Me BLAISE.

Boutez-vous à la mienne.

LISETTE.

Eh, quelle est-elle ? car si vous êtes de bonne foi, si effectivement vous m'aimez.

Me BLAISE *riant*.

Oui, je suppose.

LISETTE.

Vous jugez bien que je n'aurois pas le cœur ingrat.

Me BLAISE *riant*.

Hé hé hé hé.... Lorgnez-moi un peu que je voye si ça est vrai.

LISETTE.

Qu'en ferez-vous ?

Me BLAISE.

Hé hé.... Je le garde. La gentille enfant, queu domage de laisser ça dans la peine !

LISETTE.

Quelle obscurité! Voilà Madame Argante & Monsieur Lucidor, il est apparemment question du mariage d'Angelique avec l'amant qui lui est venu; la mere voudra qu'elle l'épouse; & si elle obéit, comme elle y sera peut-être obligée, il ne sera plus nécessaire que vous la demandiez, ainsi retirez-vous, je vous prie.

Me BLAISE.

Oui, mais je fis d'obligation aussi de revenir voir ce qui en est, pour me comporter à l'avenant.

LISETTE *fâchée*.

Encore, oh votre énigme est d'une impertinence qui m'indigne.

Me BLAISE *riant & s'en allant*.

C'est pourtant douze mille frans qui vous fâchent.

LISETTE *le voyant aller*.

Douze mille frans, où va-t'il prendre ce qu'il dit là? Je commence à croire qu'il y a quelque motif à cela.

COMEDIE.

SCENE XIV.

M^{de} ARGANTE, LUCIDOR, FRONTAIN, LISETTE.

M^{de} ARGANTE, *en entrant à Frontain.*

EH, Monsieur, ne vous rebutez point, il n'est pas possible qu'Angelique ne se rende ; il n'est pas possible.

A Lisette.

Lisette, vous étiez présente quand Monsieur a vû ma fille ; est-il vrai qu'elle ne l'ait pas bien reçu ? Qu'a-t'elle donc dit ? Parlez, a-t'il lieu de se plaindre ?

LISETTE.

Non, Madame, je ne me suis point apperçu de mauvaise réception ; il n'y a eu qu'un étonnement naturel à une jeune & honnête fille, qui se trouve, pour ainsi dire, mariée dans la minute ; mais pour le peu que Madame la rassure & s'en mêle, il n'y aura pas la moindre difficulté.

LUCIDOR.

Lisette a raison, je pense comme elle.

M^{de} ARGANTE.

Eh, sans doute, elle est si jeune & si innocente.

FRONTAIN.

Madame, le mariage en impromptu, étonne l'innocence, mais ne l'afflige pas, & votre fille est allée se trouver mal dans sa chambre.

M^{de} ARGANTE.

Vous verrez, Monsieur, vous verrez.. allez Lisette, dites-lui que je lui ordonne de venir tout-à-l'heure. Amenez-la ici ; partez.

A Frontain.

Il faut avoir la bonté de lui pardonner. Ces premiers mouvemens-là, Monsieur, ce ne sera rien.

LISETTE *part.*

FRONTAIN.

Vous avez beau dire, on a eu tort de m'exposer à cette avanture-ci ; il est fâcheux à un galant homme à qui tout Paris jette ses filles à la tête, & qui les refuse toutes, de venir lui-même essuyer les dédains d'une jeune citoyenne de Village, à qui on ne demande précisément que sa figure en mariage, votre fille me convient fort; & je rends grace à mon ami de me l'avoir retenuë; mais il falloit, en m'appellant, me tenir sa main si preste, & si disposée, que je n'eusse qu'à tendre la mienne pour la recevoir; point d'autre cérémonie.

LUCIDOR.

Je n'ai pas dû deviner l'obstacle qui se présente.

M^{de} ARGANTE.

Eh, Messieurs, un peu de patience; regardez-la dans cette occasion-ci comme un enfant.

SCENE XV.

LUCIDOR, FRONTAIN, ANGELIQUE, LISETTE, M^{de} ARGANTE.

M^{de} ARGANTE.

Approchez, Mademoiselle, approchez, n'êtes-vous pas bien senfible à l'honneur que vous fait Monfieur, de venir vous époufer, malgré votre peu de fortune, & la médiocrité de votre état ?

FRONTAIN.

Rayons le mot d'honneur, mon amour & ma galanterie le défapprouvent.

M^{de} ARGANTE.

Non, Monfieur, je dis la chofe comme elle eft ; répondez, ma fille.

ANGELIQUE.

Ma mere......

M^{de} ARGANTE.

Vîte donc.

COMEDIE.
FRONTAIN.

Point de ton d'autorité, sinon je reprends mes bottes & monte à cheval.

A Angelique.

Vous ne m'avez point encore regardé, fille aimable, vous n'avez point encore vû personne, vous la rebutez sans la connoître, voyez-la pour la juger.

ANGELIQUE

Monsieur......

M_de ARGANTE.

Monsieur, ma mere, levez la tête.

FRONTAIN.

Silence, maman, voilà une réponse entamée.

LISETTE.

Vous êtes trop heureuse, Mademoiselle, il faut que vous soyez née coeffée.

ANGELIQUE *vivement.*

En tout cas, je ne suis pas née babillarde.

FRONTAIN.

Vous n'en êtes que plus rare; allons, Mademoiselle, reprenez haleine, & prononcez.

Mde ARGANTE.

Je dévore ma colere.

LUCIDOR.

Que je suis mortifié !

FRONTAIN à *Angelique*.

Courage, encore un effort pour achever.

ANGELIQUE.

Monsieur, je ne vous connois point.

FRONTAIN.

La connoissance est si-tôt faite en mariage; c'est un Pays où l'on va si vîte.

Mde ARGANTE.

Comment étourdie, ingrate que vous êtes?

FRONTAIN.

Ah ah, Madame Argante, vous avez le Dialogue d'une rudesse insoutenable.

Mde

COMEDIE.

M^{de} ARGANTE.

Je fors, je ne pourrois pas me retenir, mais je la desherite, si elle continue de répondre aussi mal aux obligations que nous vous avons, Messieurs. Depuis que Monsieur Lucidor est ici, son séjour n'a été marqué pour nous que par des bienfaits. Pour comble de bonheur, il procure à ma fille un mari tel, qu'elle ne pouvoit pas l'esperer, ni pour le bien, ni pour le rang, ni pour le mérite.

FRONTAIN.

Tout doux, appuyez legerement sur le dernier.

M^{de} ARGANTE.

Et merci de ma vie, qu'elle l'accepte, ou je la renonce.

SCENE XVI.

LUCIDOR, FRONTAIN, ANGELIQUE, LISETTE.

LISETTE.

EN vérité, Mademoiselle, on ne fçauroit vous excufer; attendez-vous qu'il vous vienne un Prince ?

FRONTAIN.

Sans vanité, voici mon apprentiffage; en fait de refus, je ne connoiffois pas cet affront-là.

LUCIDOR.

Vous fçavez, belle Angelique, que je vous ai d'abord confulté fur ce mariage; je n'y ai penfé que par zele pour vous, & vous m'en avez paru fatisfaite.

ANGELIQUE.

Oui, Monfieur, votre zele eft admirable, c'eft la plus belle chofe du monde,

& j'ai tort, je suis une étourdie, mais laiſſez-moi dire. A cette heure que ma mere n'y eſt plus, & que je ſuis un peu plus hardie, il eſt juſte que je parle à mon tour, & je commence par vous, Liſette, c'eſt que je vous prie de vous taire, entendez-vous; il n'y a rien ici qui vous regarde ; quand il vous viendra un mari, vous en ferez ce qui vous plaira, ſans que je vous en demande compte, & je ne vous dirai point ſotement ni que vous êtes née coeffée, ni que vous êtes trop heureuſe, ni que vous attendez un Prince, ni d'autres propos auſſi ridicules que vous m'avez tenus, ſans ſçavoir ni quoi, ni qu'eſt-ce.

FRONTAIN.

Sur ſa part, je devine la mienne.

ANGELIQUE.

La vôtre eſt toute preſte, Monſieur, vous êtes honnête homme, n'eſt-ce pas ?

FRONTAIN.

C'eſt en quoi je brille.

ANGELIQUE.

Vous ne voudrez pas cauſer du chagrin

à une fille qui ne vous a jamais fait de mal, cela feroit cruel & barbare.

FRONTAIN.

Je fuis l'homme du monde le plus humain, vos pareilles en ont mille preuves.

ANGELIQUE.

C'eſt bien fait, je vous dirai donc, Monſieur, que je ferois mortifiée s'il falloit vous aimer, le cœur me le dit, on fent cela, non que vous ne foyez fort aimable, pourvû que ce ne foit pas moi qui vous aime, je ne finirai point de vous louer quand ce fera pour un autre ; je vous prie de prendre en bonne part ce que je vous dis là, j'y vais de tout mon cœur, ce n'eſt pas moi qui ai été vous chercher une fois ; je ne fongeois pas à vous, & ſi je l'avois pu, il ne m'en auroit pas plus couté de vous crier : ne venez pas, que de vous dire, allez-vous-en.

FRONTAIN.

Comme vous me le dites !

ANGELIQUE.

Oh fans doute, & le plûtôt fera le mieux, mais que vous importe ? vous ne manque-

rez pas de filles ; quand on eſt riche, on en
a(tant qu'on veut, à ce quon dit, au lieu
que naturellement je n'aime pas l'argent ;
j'aimerois mieux en donner que d'en prendre ; c'eſt-là mon humeur.

FRONTAIN.

Elle eſt bien oppoſée à la mienne ; à
quelle heure voulez-vous que je parte ?

ANGELIQUE.

Vous êtes bien honnête ; quand il vous
plaira, je ne vous retiens point, il eſt tard
à cette heure, mais il fera beau demain.

FRONTAIN à *Lucidor*.

Mon grand ami, voilà ce qu'on appelle
un congé bien conditionné ; & je le reçois,
ſauf vos conſeils, qui me regleront là-deſſus cependant ; ainſi, belle ingrate, je dif-
fere encore mes derniers adieux.

ANGELIQUE.

Quoi, Monſieur, ce n'eſt pas fait, pardi,
vous avez bon courage.

Et quand il eſt parti.

Votre ami n'a guéres de cœur, il me demande à quelle heure il partira, & il reſte.

SCENE XVII.

LUCIDOR, ANGELIQUE, LISETTE.

LUCIDOR.

IL n'est pas si aisé de vous quitter, Angelique ; mais je vous débarrasserai de lui.

LISETTE.

Quelle perte ! un homme qui lui faisoit sa fortune.

LUCIDOR.

Il y a des antipathies insurmontables ; si Angelique est dans ce cas-là, je ne m'étonne point de son refus, & je ne renonce pas au projet de l'établir avantageusement.

ANGELIQUE.

Eh, Monsieur, ne vous en mêlez pas, il y a des gens qui ne font que nous porter guignon.

LUCIDOR.

Vous porter guignon avec les intentions

que j'ai, & qu'avez-vous à reprocher à mon amitié?

ANGELIQUE *à part les premiers mots.*

Son amitié, le méchant homme.

LUCIDOR.

Dites-moi de quoi vous vous plaignez?

ANGELIQUE.

Moi, Monsieur, me plaindre, & qui est-ce qui y songe? Où sont les reproches que je vous fais? Me voyez-vous fâchée? Je suis très-contente de vous, vous en agissez on ne peut pas mieux; comment donc? vous m'offrez des maris tant que j'en voudrai; vous m'en faites venir de Paris sans que j'en demande; y a t'il rien de plus obligeant, de plus officieux? il est vrai que je laisse là tous vos mariages; mais aussi il ne faut pas croire, à cause de vos rares bontés, qu'on soit obligé vîte & vîte de se donner au premier venu que vous attirerez de je ne sçais où, & qui arrivera tout botté pour m'épouser sur votre parole; il ne faut pas croire cela, je suis fort reconnoissante, mais je ne suis pas idiote.

LUCIDOR.

Quoique vous en difiez, vos difcours ont une aigreur que je ne fçais à quoi attribuer, & que je ne mérite point.

LISETTE.

Ah! j'en fçais bien la caufe, moi, fi je voulois parler.

ANGELIQUE.

Hem; qu'eft-ce que c'eft que cette fcience que vous avez? Que veut-elle dire? Ecoutez, Lifette, je fuis naturellement douce & bonne; un enfant a plus de malice que moi; mais fi vous me fâchez, vous m'entendez bien, je vous promets de la rancune pour mille ans.

LUCIDOR.

Si vous ne vous plaignez point de moi, reprenez donc ce petit préfent que je vous avois fait, & que vous m'avez rendu fans me dire pourquoi?

ANGELIQUE.

Pourquoi, c'eft qu'il n'eft pas jufte que je l'aye. Le mari, & les bijoux étoient pour aller enfemble, & en rendant l'un, je rends l'autre.

l'autre. Vous voilà bien embarrassé ; gardez cela pour cette charmante beauté, dont on vous a apporté le portrait.

LUCIDOR.

Je lui en trouverai d'autres ; reprenez ceux-ci.

ANGELIQUE.

Oh, qu'elle garde tout, Monsieur, je les jetterois.

LISETTE.

Et moi je les ramasserai.

LUCIDOR.

C'est-à-dire, que vous ne voulez pas que je songe à vous marier, & que malgré ce que vous m'avez dit tantôt, il y a quelque amour secret dont me vous faites mystére.

ANGELIQUE.

Eh mais, cela se peut bien, oui, Monsieur, voilà ce que c'est, j'en ai pour un homme d'ici, & quand je n'en aurois pas, j'en prendrai tout exprès demain pour avoir un mari à ma fantaisie.

SCENE XVIII.

LUCIDOR, ANGELIQUE
LISETTE, Mᵉ BLAISE.

Mᵉ BLAISE.

JE requiers la parmiffion d'interrompre pour avoir la déclaration de voute darniere volonté, Mademoifelle, retenez voute Amoureux nouviau venu.

ANGELIQUE.

Non, laiffez-moi.

Mᵉ BLAISE.

Me retenez-vous, moi ?

ANGELIQUE.

Non.

Mᵉ BLAISE.

Une fois, deux fois, me voulez-vous ?

ANGELIQUE.

L'infupportable homme !

COMEDIE.
LISETTE.

Etes-vous sourd, Maître Blaise, elle vous dit que non?

Mᵉ BLAISE à Lisette les premieers mots à part & en souriant.

Oui, ma mie, ah ça, Monsieur, je vous prends à témoin comme quoi je l'aime, comme quoi alle me repousse, que si elle ne me prend pas, c'est sa faute, & que ce n'est pas sur moi qu'il en faut jetter l'endosse.

A Lisette à part.

Bon jour poulet.

& puis à tous.

Au demeurant; ça ne me surprend point; Mademoiselle Angelique en refuse deux, alle en refuseroit trois, alle en refuseroit un boisseau; il n'y en a qu'un qu'alle envie, tout le reste est du fretin pour elle, hors Monsieur Lucidor, que j'ons deviné drès le commencement.

ANGELIQUE outrée.

Monsieur Lucidor.

Mᵉ BLAISE.

Li-même, n'ons-je pas vû que vous pleu

G i

riez quand il fut malade, tant vous aviez peur qu'il ne devînt mort.

LUCIDOR.

Je ne croirai jamais ce que vous dites-là; Angelique pleuroit par amitié pour moi.

ANGELIQUE.

Comment, vous ne croirez pas, vous ne feriez pas un homme de bien de le croire? M'accuser d'aimer à cause que je pleure; à cause que je donne des marques de bon cœur, eh mais je pleure tous les malades que je vois, je pleure pour tout ce qui est en danger de mourir; si mon oiseau mouroit devant moi; je pleurerois; dira-t'on que j'ai de l'amour pour lui?

LISETTE.

Paſſons, paſſons là-deſſus; car à vous parler franchement, je l'ai crû de même.

ANGELIQUE.

Quoi, vous auſſi, Lisette, vous m'accablez, vous me déchirez, eh que vous ai-je fait? Quoi, un homme qui ne ſonge point à moi, qui veut me marier à tout le monde, & je l'aimerois? Moi, qui ne pourrois pas le ſouffrir s'il m'aimoit; moi qui ai de l'inclination pour un autre, j'ai donc le cœur bien bas, bien misérable ; ah que l'affront qu'on me fait m'est sensible !

LUCIDOR.

Mais en vérité, Angélique, vous n'êtes pas raisonnable ; ne voyez-vous pas que ce sont nos petites conversations qui ont donné lieu à cette folie, qu'on a rêvée, & qu'elle ne mérite pas votre attention.

ANGÉLIQUE.

Hélas, Monsieur, c'est par discrétion que je ne vous ai pas dit ma pensée ; mais je vous aime si peu, que si je ne me retenois pas, je vous hairois depuis ce mari que vous avez mandé de Paris ; oui, Monsieur, je vous hairois, je ne sçais pas trop même si je ne vous hais pas, je ne voudrois pas jurer que non, car j'avois de l'amitié pour vous, & je n'en ai plus ; est-ce là des dispositions pour aimer ?

LUCIDOR.

Je suis honteux de la douleur où je vous vois ; avez-vous besoin de vous défendre, dès que vous en aimez un autre ? Tout n'est-il pas dit ?

Mᵉ BLAISE.

Un autre galant, alle feroit morgué bian en peine de le montrer.

ANGELIQUE.

En peine ? hé-bien, puifqu'on m'obftine, c'eft juftement lui qui parle, cet indigne.

LUCIDOR.

Je l'ai foupçonné.

Mᵉ BLAISE.

Moi.

LISETTE.

Bon, cela n'eft pas vrai.

ANGELIQUE.

Quoi, je ne fçais pas l'inclination que j'ai ? Oui, c'eft lui, je vous dis que c'eft lui.

Mᵉ BLAISE.

Ah ça, Demoifelle, ne badinons point ; ça n'a ni rime ni raifon ; par votre foi, eft-ce ma parfonne qui vous a pris le cœur ?

ANGELIQUE.

Oh je l'ai affez dit, oui c'eft vous, malhonnête que vous êtes, fi vous ne m'en croyez pas, je ne m'en foucie guéres.

COMEDIE 79

Me BLAISE.

Eh ! mais, jamais voute mere n'y confentira.

MARIANE.

Vraiment, je le fçais bien.

Me BLAISE.

Et pis, vous m'avez rebuté d'abord, j'ai compté là-deſſus, moi, je me fis arrangé autrement.

MARIANE.

Hé-bien, ce font vos affaires.

Me BLAISE.

On n'a pas un cœur qui va & qui viant comme une girouette, faut être fille pour ça, on fe fie à des refus.

ANGELIQUE.

Oh, accommodez-vous, benêt.

Me BLAISE.

Sans compter que je ne fis pas riche.

LUCIDOR.

Ce n'eſt pas là ce qui embarraſſera, & j'applanirai tout ; puifque vous avez le bonheur d'être aimé, Maître Blaife, je donne vingt mille frans en faveur de ce mariage, je vais en porter la parole à Madame Ar-

G iiij

gante, & je reviens dans le moment vous en rendre la réponse.

ANGELIQUE.

Comme on me persécute.

LUCIDOR.

Adieu, Angelique, j'aurai enfin la satisfaction de vous avoir mariée selon votre cœur, quelque chose qui m'en coute.

MARIANE.

Je crois que cet homme-là me fera mourir de chagrin.

SCÈNE XIX.

Me BLAISE, ANGELIQUE, LISETTE.

LISETTE.

CE Monsieur Lucidor est un grand marieur de filles ; à quoi vous déterminez-vous, Maître Blaise ?

Me BLAISE *après avoir rêvé.*

Je dis qu'ous êtes toujours bian jolie, mais que ces vingt mille frans vous font grand tort.

COMEDIE.

LISETTE.

Hum, le vilain procédé.

ANGELIQUE *d'un air languissant.*

Est-ce que vous aviez quelque dessein pour elle ?

Mᶜ BLAISE.

Oui, je n'en fais pas le fin.

ANGELIQUE *languissante.*

Sur ce pied-là, vous ne m'aimez pas.

Mᶜ BLAISE.

Si fait da, ça m'avoit un peu quitté, mais je vous r'aime cherement à cette heure.

ANGELIQUE *toujours languissante.*

A cause des vingt mille frans.

Mᶜ BLAISE.

A cause de vous, & pour l'amour d'eux.

ANGELIQUE.

Vous avez donc intention de les recevoir.

Mc BLAISE.

Pargué, à voute avis.

ANGELIQUE.

Et moi je vous déclare si vous les prenez, que je ne veux point de vous.

Mc BLAISE.

En veci bian d'un autre.

ANGELIQUE.

Il y auroit trop de lâcheté à vous de prendre de l'argent d'un homme qui a voulu me marier à un autre, qui m'a offensée en particulier, en croyant que je l'aimois, & qu'on dit que j'aime moi-mêine.

LISETTE.

Mademoiselle a raison, j'approuve tout-à-fait ce qu'elle dit là.

Mc BLAISE.

Mais acoutez donc le bon sens, si je ne prends pas les vingt mille frans, vous me pardrez, vous ne m'aurez point, voute mere ne voura point de moi.

ANGELIQUE.

Hé-bien, si elle ne veut point de vous, je vous laisserai.

COMEDIE.
Mc BLAISE inquiet.
Eſt-ce votre dernier mot?
ANGELIQUE.
Je ne changerai jamais.
Mc BLAISE.
Ah, me vela biau garçon.

SCENE XX.

LUCIDOR, Mc BLAISE,
MARIANE, LISETTE.

LUCIDOR.

Votre mere conſent à tout belle Mariane, j'en ai ſa parole, & votre mariage avec Maître Blaiſe eſt conclu, moyennant les vingt mille frans que je donne. Ainſi vous n'avez qu'à venir tous deux l'en remercier.

Mc BLAISE.

Point du tout; il y a un autre vartigo qui la tiant; alle a de l'avarſion pour le magot de vingt mille frans, à cauſe de vous, qui les délivrez; alle ne veut point de moi, si je les prends, & je veux du magot avec alle.

MARIANE *s'en allant.*

Et moi je ne veux plus de qui que ce soit au monde.

LUCIDOR.

Arrêtez, de grace, chere Mariane. Laissez-nous, vous autres.

Me BLAISE *prenant Lisette sous le bras.*

Noute premier marché tiant-il toujours?

LUCIDOR.

Oui, je vous le garantis.

Me BLAISE.

Que le Ciel vous consarve en joie ; je vous fiance donc, fillette.

COMEDIE. 85

SCENE XXI.
LUCIDOR, MARIANE, LUCICOR.

Vous pleurez, Mariane.

MARIANE.

C'est que ma mere sera fâchée, & puis j'ai eu assez de confusion pour cela.

LUCIDOR.

A l'égard de votre mere, ne vous en inquiétez pas, je la calmerai ; mais me laisserez-vous la douleur de n'avoir pû vous rendre heureuse ?

MARIANE.

Oh, voilà qui est fini, je ne veux rien d'un homme qui m'a donné le renom que je l'aimois toute seule.

LUCIDOR.

Je ne suis point l'auteur des idées qu'on a eu là-dessus.

MARIANE.

On ne m'a point entendu me vanter que vous m'aimiez, quoique je l'eusse pû croire aussi-bien que vous, après toutes les amitiés & toutes les manieres que vous avez eues pour moi, depuis que vous êtes ici, je n'ai pourtant pas abusé de cela ; vous n'en avez pas agi de même, & je suis la dupe de ma bonne foi.

LUCIDOR.

Quand vous auriez pensé que je vous aimois, quand vous m'auriez crû pénétré de l'amour le plus tendre, vous ne vous seriez pas trompée.

MARIANE *ici redouble ses pleurs, & sanglote davantage.*

LUCIDOR *continue.*

Et pour achever de vous ouvrir mon cœur, je vous avoue que je vous adore, Mariane.

MARIANE.

Je n'en sçais rien ; mais si jamais je viens à aimer quelqu'un, ce ne sera pas moi qui lui chercherai des filles en mariage, je le laisserai plûtôt mourir garçon.

COMEDIE.
LUCIDOR.

Hélas! Mariane, sans la haine que vous m'avez déclarée, & qui m'a paru si vraie, si naturelle, j'allois me proposer moi-même.

LUCIDOR *revenant*.

Mais qu'avez-vous donc encore à soupirer?

MARIANE.

Vous dites que je vous hais, n'ai-je pas raison? Quand il n'y auroit que ce portrait de Paris qui est dans votre poche.

LUCIDOR.

Ce portrait n'est qu'une feinte; c'est celui d'une sœur que j'ai.

MARIANE.

Je ne pouvois pas deviner.

LUCIDOR.

Le voici, Mariane, & je vous le donne.

MARIANE.

Qu'en ferai-je, si vous n'y êtes plus? un portrait ne guérit de rien.

LUCIDOR.

Et si je restois, si je vous demandois votre main, si nous ne nous quittions de la vie.

MARIANE.

Voilà, du moins, ce qu'on appelle parler cela.

LUCIDOR.

Vous m'aimez donc ?

MARIANE.

Ai-je jamais fait autre chose ?

LUCIDOR *se mettant tout-à-fait à genoux.*

Vous me transportez, Mariane.

SCENE XXII,
& derniere.

TOUS LES ACTEURS QUI arrivent avec Madame Argante.

Mde ARGANTE,

Hé-bien, Monsieur ; mais que vois-je ? Vous êtes aux génoux de ma fille, je pense.

LUCIDOR.

Oui, Madame, & je l'épouse dès aujourd'hui, si vous y consentez.

Mde ARGANTE *charmée.*

Vraiment, que de reste, Monsieur, c'est bien de l'honneur à nous tous, & il ne manquera rien à la joie où je suis, si Monsieur, [*Montrant Frontain.*] qui est votre ami, demeure aussi le nôtre.

FRONTAIN.

Je suis de si bonne composition, que ce sera moi qui vous verserai à boire à table.

L'EPREUVE,
à Lisette.

Ma Reine, puisque vous aimiez tant Frontain, & que je lui ressemble, j'ai envie de l'être.

LISETTE.

Ah, coquin, je t'entends bien, mais tu l'es trop tard.

Me BLAISE.

Je ne pouvons nous quitter, il y a douze mille frans qui nous suivent.

Mde ARGANTE.

Que signifie donc cela ?

LUCIDOR.

Je vous l'expliquerai tout-à-l'heure, qu'on fasse venir les violons du Village, & que la journée finisse par des danses.

F I N.

APPROBATION.

J'A I lû par Ordre de Monseigneur le Chancelier une Comédie qui a pour titre, *l'Epreuve*, & je crois que le Public en verra l'impression avec plaisir, ce 29. Novembre 1740. CREBILLON.

ON observera que Mariane & Angelique ne sont que la même personne, qui n'a ici ces deux noms que par une méprise, dont on s'est apperçu trop tard pour la corriger.

www.ingramcontent.com/pod-product-compliance
Lightning Source LLC
LaVergne TN
LVHW050651090426
835512LV00007B/1145